The Adventurous Little Dragon and Other Stories: Bilingual French-English Stories for Children

Coledown Bilingual Books

Published by Coledown Bilingual Books, 2023.

While every precaution has been taken in the preparation of this book, the publisher assumes no responsibility for errors or omissions, or for damages resulting from the use of the information contained herein.

THE ADVENTUROUS LITTLE DRAGON AND OTHER STORIES: BILINGUAL FRENCH-ENGLISH STORIES FOR CHILDREN

First edition. October 28, 2023.

ISBN: 979-8223914211

Written by Coledown Bilingual Books.

Table of Contents

Le Voyage de Petite Souris

Il était une fois, une petite souris nommée Sophie. Sophie vivait dans un trou douillet sous un grand chêne. Elle était très curieuse et aimait explorer le monde qui l'entourait. Un jour, Sophie décida de faire un voyage extraordinaire.

Elle prit son petit sac à dos et y mit quelques biscuits, une bouteille d'eau, et son doudou, M. Lapin. Sophie se mit en route, sautant d'une feuille à l'autre, découvrant des fleurs colorées et chantant avec les oiseaux.

Elle rencontra des amis en chemin, comme Pierre l'écureuil et Léa la coccinelle. Ils se joignirent à elle pour son voyage. Ensemble, ils traversèrent une rivière en sautant de nénuphar en nénuphar, grimpèrent au sommet d'une colline pour admirer un magnifique coucher de soleil, et même découvrirent un trésor caché dans une vieille cabane en bois.

Finalement, Sophie et ses amis rentrèrent chez eux, fatigués mais heureux. Ils avaient vécu une aventure incroyable. Sophie s'endormit dans son lit douillet en serrant M. Lapin, en rêvant des merveilleux voyages qui l'attendaient demain.

The Journey of Little Mouse

Once upon a time, there was a little mouse named Sophie. Sophie lived in a cozy burrow beneath a big oak tree. She was very curious and loved exploring the world around her. One day, Sophie decided to embark on an extraordinary journey.

She packed her small backpack with some cookies, a water bottle, and her stuffed bunny, Mr. Rabbit. Sophie set off, leaping from one leaf to another, discovering colorful flowers, and singing with the birds.

On her way, she met friends like Peter the squirrel and Lily the ladybug. They joined her on her journey. Together, they crossed a river by jumping from lily pad to lily pad, climbed to the top of a hill to admire a beautiful sunset, and even found a hidden treasure in an old wooden cabin.

In the end, Sophie and her friends returned home, tired but happy. They had experienced an incredible adventure. Sophie fell asleep in her cozy bed, holding Mr. Rabbit, dreaming of the wonderful journeys that awaited them tomorrow.

L'Étoile qui Voulait Briller

Il était une fois une petite étoile nommée Étoillette qui vivait dans le ciel nocturne. Étoillette était différente des autres étoiles : elle ne brillait pas autant. Elle rêvait de briller de mille feux comme ses amies étoiles brillantes.

Un soir, Étoillette décida de demander de l'aide à la Lune. La Lune était bienveillante et écouta son souhait. Elle lui dit : "Pour briller davantage, il te faut accomplir une belle action." Étoillette, enthousiaste, se lança dans une quête pour trouver la plus belle action à accomplir.

En chemin, elle rencontra une famille de lucioles. Elles étaient tristes parce que leur petite luciole, Lulu, était perdue. Étoillette décida de les aider à la retrouver. Ensemble, ils cherchèrent Lulu dans la forêt sombre jusqu'à ce qu'ils la trouvent tremblante sous une feuille. Étoillette réchauffa Lulu avec sa douce lumière, et les lucioles furent remplies de joie.

Le lendemain, Étoillette brilla plus intensément dans le ciel. Elle avait accompli une belle action, et cela la rendait encore plus spéciale. Elle comprit que ce n'était pas seulement la luminosité qui comptait, mais aussi les actes de gentillesse et d'amour.

Les autres étoiles l'applaudirent et lui dirent combien elle était belle. Étoillette avait réalisé son rêve en devenant l'étoile la plus brillante grâce à sa lumière chaleureuse et à son cœur aimant.

The Star That Wanted to Shine

Once upon a time, there was a little star named Starlette who lived in the night sky. Starlette was different from the other stars; she didn't shine as brightly. She dreamed of shining as brilliantly as her starry friends.

One evening, Starlette decided to ask the Moon for help. The Moon was kind and listened to her wish. The Moon said, "To shine more brightly, you must perform a beautiful deed." Excited, Starlette set out on a quest to find the most beautiful deed to accomplish.

On her journey, she encountered a family of fireflies. They were sad because their little firefly, Lulu, was lost. Starlette decided to help them find Lulu. Together, they searched for Lulu in the dark forest until they found her trembling beneath a leaf. Starlette warmed Lulu with her gentle light, and the fireflies were filled with joy.

The next day, Starlette shone more brightly in the sky. She had performed a beautiful deed, and it made her even more special. She realized that it wasn't just brightness that mattered but also acts of kindness and love.

The other stars applauded her and told her how beautiful she was. Starlette had fulfilled her dream of becoming the brightest star thanks to her warm light and loving heart.

L'Aventure de Petit Écureuil

Il était une fois, dans une forêt enchantée, un petit écureuil nommé Édouard. Édouard était un écureuil très curieux, avec une fourrure douce et une queue touffue. Il vivait dans un arbre confortable avec sa famille.

Un jour, Édouard se réveilla avec un frisson d'excitation. Il avait rêvé de la plus délicieuse des noisettes. Sa famille lui avait toujours dit que la noisette la plus savoureuse était cachée au-delà de la grande colline. Sans hésiter, Édouard décida de partir à l'aventure.

Il prépara un petit sac avec des noisettes pour le voyage, prit sa peluche préférée, Monsieur Noisetier, et se mit en route. En chemin, il rencontra d'autres animaux de la forêt, comme Léa la lapine et Louis le hérisson. Ils se joignirent à son aventure joyeuse.

Ils escaladèrent la grande colline, traversèrent un ruisseau en utilisant une branche comme pont, et découvrirent un champ de fleurs magnifiques. Mais la noisette tant convoitée restait introuvable. Édouard ne se découragea pas. Avec l'aide de ses amis, ils cherchèrent encore et encore.

Finalement, alors que le soleil se couchait à l'horizon, ils trouvèrent la noisette dorée sous un vieil arbre. Édouard était ravi ! Il partagea sa découverte avec ses amis, car il avait appris que l'aventure est plus spéciale quand elle est partagée.

Ils rentrèrent tous ensemble chez eux, le cœur rempli de joie et l'estomac rempli de noisettes. La forêt était leur maison, et ils savaient que chaque jour était une nouvelle aventure.

The Adventure of Little Squirrel

Once upon a time, in an enchanted forest, there was a little squirrel named Edward. Edward was a very curious squirrel with soft fur and a bushy tail. He lived in a cozy tree with his family.

One day, Edward woke up with a shiver of excitement. He had dreamt of the most delicious hazelnut. His family had always told him that the tastiest hazelnut was hidden beyond the big hill. Without hesitation, Edward decided to embark on an adventure.

He packed a small bag with hazelnuts for the journey, took his favorite stuffed toy, Mr. Hazelnut, and set off. Along the way, he met other forest animals like Lea the rabbit and Louis the hedgehog. They joined his joyful adventure.

They climbed the big hill, crossed a stream using a branch as a bridge, and discovered a field of beautiful flowers. But the coveted hazelnut remained elusive. Edward didn't give up. With the help of his friends, they searched again and again.

Finally, as the sun set on the horizon, they found the golden hazelnut beneath an old tree. Edward was delighted! He shared his discovery with his friends because he had learned that adventures are more special when shared.

They all returned home together, their hearts filled with joy and their stomachs filled with hazelnuts. The forest was their home, and they knew that every day was a new adventure.

Le Rêve de Petit Lapin

Il était une fois, dans une belle prairie, un petit lapin du nom de Léo. Léo était un lapin curieux avec de grandes oreilles toutes douces. Il vivait dans un terrier confortable avec sa famille.

Un jour, Léo eut un rêve extraordinaire. Il rêva qu'il pouvait voler comme un oiseau. Dans son rêve, il se balançait dans les nuages, survolait des montagnes et dansait avec les étoiles. Le rêve était si merveilleux que Léo se réveilla avec une idée en tête : il voulait vraiment voler.

Il parla de son rêve à sa famille et à ses amis lapins, mais ils rirent gentiment de lui. "Les lapins ne volent pas, Léo," dirent-ils. Mais Léo était déterminé. Il décida de construire des ailes en feuilles et en branches pour essayer de voler.

Pendant des jours et des jours, Léo travailla dur sur ses ailes. Ses amis lapins l'observaient en secouant la tête, mais Léo ne se découragea pas. Enfin, le jour de l'essai arriva. Léo monta sur une petite colline, battit des ailes, et sauta dans les airs.

Pour sa grande surprise, il ne vola pas, mais il tournoya et atterrit doucement dans l'herbe. Ses amis accoururent pour le féliciter. "Tu n'as peut-être pas volé dans les nuages, Léo, mais tu as réussi à nous montrer que la persévérance et les rêves sont importants," dirent-ils.

Léo sourit, sachant qu'il avait accompli quelque chose d'incroyable. Même s'il ne pouvait pas voler dans le ciel, il avait prouvé qu'il pouvait atteindre les étoiles avec sa détermination.

Little Bunny's Dream

Once upon a time, in a beautiful meadow, there was a little bunny named Leo. Leo was a curious bunny with soft, floppy ears. He lived in a cozy burrow with his family.

One day, Leo had an extraordinary dream. He dreamt that he could fly like a bird. In his dream, he swung in the clouds, soared over mountains, and danced with the stars. The dream was so wonderful that Leo woke up with an idea in his head: he really wanted to fly.

He told his family and bunny friends about his dream, but they chuckled kindly. "Bunnies don't fly, Leo," they said. But Leo was determined. He decided to build wings out of leaves and branches to try to fly.

For days and days, Leo worked hard on his wings. His bunny friends watched, shaking their heads, but Leo didn't give up. Finally, the day for the test came. Leo climbed a small hill, flapped his wings, and leaped into the air.

To his great surprise, he didn't fly, but he twirled and landed gently in the grass. His friends rushed to congratulate him. "You may not have flown in the clouds, Leo, but you showed us that perseverance and dreams are important," they said.

Leo smiled, knowing he had achieved something incredible. Even though he couldn't fly in the sky, he had proven that he could reach for the stars with his determination.

Le Voyage de Lila la Coccinelle

Il était une fois dans un joli jardin, une petite coccinelle nommée Lila. Lila était une coccinelle joyeuse avec des ailes écarlates et des taches noires. Elle vivait parmi les feuilles vertes d'un grand tournesol.

Un jour, Lila se réveilla avec une grande curiosité. Elle rêvait de découvrir ce qui se cachait de l'autre côté du jardin. Elle décida que c'était le moment pour une grande aventure.

Lila prépara son sac à dos avec quelques morceaux de sucre, un petit parapluie pour se protéger de la pluie, et son fidèle ami, François le ver de terre. Ensemble, ils partirent à l'aventure.

Ils traversèrent des buissons épineux, escaladèrent des branches d'arbres, et rencontrèrent de nouveaux amis comme Paul le papillon et Mia la libellule. Chaque rencontre était une nouvelle leçon pour Lila.

Finalement, après une journée pleine d'aventures, Lila et François atteignirent l'autre côté du jardin. Là, ils découvrirent un champ de fleurs multicolores et un arc-en-ciel éclatant. Lila savait que son rêve de découverte s'était réalisé.

Elle rentra chez elle, reconnaissante pour cette aventure incroyable. Elle se coucha dans son lit douillet sous le tournesol, sachant qu'elle pourrait toujours revenir pour d'autres aventures, car le monde regorgeait de merveilles à explorer.

Lila the Ladybug's Journey

Once upon a time in a beautiful garden, there was a little ladybug named Lila. Lila was a cheerful ladybug with scarlet wings and black spots. She lived among the green leaves of a large sunflower.

One day, Lila woke up with great curiosity. She dreamt of discovering what lay on the other side of the garden. She decided it was time for a grand adventure.

Lila packed her backpack with a few sugar cubes, a small umbrella to shield her from the rain, and her faithful friend, Francis the earthworm. Together, they set off on their adventure.

They crossed thorny bushes, climbed tree branches, and met new friends like Paul the butterfly and Mia the dragonfly. Each encounter was a new lesson for Lila.

Finally, after a day full of adventures, Lila and Francis reached the other side of the garden. There, they discovered a field of multicolored flowers and a brilliant rainbow. Lila knew that her dream of discovery had come true.

She returned home, grateful for this incredible adventure. She lay in her cozy bed beneath the sunflower, knowing she could always come back for more adventures because the world was full of wonders to explore.

Le Petit Éléphant Courageux

Il était une fois, dans la savane africaine, un petit éléphant nommé Émile. Émile était le plus jeune de sa famille, avec de grandes oreilles et une curiosité infinie. Il vivait heureux avec sa maman, son papa et ses frères et sœurs.

Un jour, Émile entendit parler d'une mystérieuse montagne au loin. On disait que cette montagne était magique et qu'elle exauçait les vœux. Émile rêva de voir cette montagne et de faire un vœu spécial.

Il en parla à sa maman, et elle lui dit : "Si tu veux voir cette montagne, il te faudra être courageux, Émile." Sans hésiter, Émile décida de partir à l'aventure.

Il emporta quelques arachides, un bâton magique (comme il l'appelait) et sa peluche préférée, Monsieur Tournesol. Le voyage fut long et rempli de défis. Émile rencontra des amis en chemin, comme Léa la girafe et Zéphyr le zèbre, qui l'aidèrent à surmonter les obstacles.

Finalement, après de nombreuses aventures, Émile atteignit la montagne magique. Il grimpa au sommet, fit son vœu, et la montagne scintilla d'une lumière éblouissante. Émile réalisa que son vœu était d'apporter bonheur et amitié à sa famille et à tous ses amis.

Il retourna chez lui en triomphateur, sachant que le vrai courage résidait dans le partage et l'amour. La savane était sa maison, remplie de joie et d'amitié.

22

The Brave Little Elephant

Once upon a time, in the African savanna, there was a young elephant named Emile. Emile was the youngest in his family, with large ears and endless curiosity. He lived happily with his mom, dad, and siblings.

One day, Emile heard about a mysterious mountain in the distance. It was said that this mountain was magical and could grant wishes. Emile dreamed of seeing this mountain and making a special wish.

He talked to his mom, and she said, "If you want to see that mountain, Emile, you'll have to be brave." Without hesitation, Emile decided to set out on an adventure.

He packed some peanuts, a "magic" stick (as he called it), and his favorite stuffed toy, Mr. Sunflower. The journey was long and filled with challenges. Emile met friends along the way, like Lea the giraffe and Zephyr the zebra, who helped him overcome obstacles.

Finally, after many adventures, Emile reached the magical mountain. He climbed to the top, made his wish, and the mountain shone with a dazzling light. Emile realized that his wish was to bring happiness and friendship to his family and all his friends.

He returned home as a triumphant hero, knowing that true courage lies in sharing and love. The savanna was his home, filled with joy and friendship.

Les Aventures de Léo le Lionceau

Il était une fois, dans la savane africaine, un jeune lionceau nommé Léo. Léo était le plus petit de sa fière famille de lions, mais il avait un grand cœur et une grande curiosité. Il vivait dans la chaleur de la savane, entouré de l'amour de sa mère, son père et ses frères et sœurs.

Un jour, alors que le soleil se couchait, Léo regarda le ciel étoilé et rêva de voir le grand monde au-delà de la savane. Il rêva d'aventures et de découvertes. Le lendemain, il en parla à sa maman, qui lui dit : "Léo, le monde est vaste et merveilleux, mais il faut du courage pour l'explorer."

Léo était déterminé. Il se prépara pour son voyage avec une gourde d'eau, un carnet pour noter ses découvertes et sa peluche préférée, Marcel le singe. Il dit au revoir à sa famille et se mit en route.

Son voyage le conduisit à travers la savane, où il rencontra de nouveaux amis comme Zara la zèbre et Raja le rhinocéros. Ensemble, ils traversèrent des rivières et escaladèrent des collines, découvrant des merveilles à chaque tournant.

Après de nombreuses aventures, Léo atteignit la forêt dense. Il y rencontra Maya la panthère, qui l'avertit de la jungle mystérieuse qui s'étendait devant lui. Malgré la peur, Léo décida de poursuivre son voyage.

Au cœur de la jungle, il fit une découverte extraordinaire. Il trouva un trésor caché, une magnifique cascade cachée parmi les arbres. Il réalisa alors que la vraie aventure était de suivre son cœur et de découvrir les trésors de l'amitié.

Léo rentra chez lui, sachant qu'il avait vécu une aventure incroyable, mais que la plus grande aventure était d'être entouré de ceux qu'il aimait. La savane était son royaume, et il était le plus heureux des lionceaux.

The Adventures of Leo the Lion Cub

Once upon a time, in the African savannah, there was a young lion cub named Leo. Leo was the smallest in his proud lion family, but he had a big heart and great curiosity. He lived in the warmth of the savannah, surrounded by the love of his mother, father, and his siblings.

One evening, as the sun set, Leo looked at the starry sky and dreamed of seeing the great world beyond the savannah. He dreamed of adventures and discoveries. The next day, he talked to his mom, who said, "Leo, the world is vast and wonderful, but it takes courage to explore it."

Leo was determined. He prepared for his journey with a water canteen, a notebook to record his discoveries, and his favorite stuffed toy, Marcel the monkey. He said goodbye to his family and set off.

His journey took him through the savannah, where he met new friends like Zara the zebra and Raja the rhinoceros. Together, they crossed rivers and climbed hills, discovering wonders at every turn.

After many adventures, Leo reached the dense forest. There, he met Maya the leopard, who warned him about the mysterious jungle that lay ahead. Despite the fear, Leo decided to continue his journey.

In the heart of the jungle, he made an extraordinary discovery. He found a hidden treasure, a magnificent waterfall hidden among the trees. He realized that the real adventure was following his heart and discovering the treasures of friendship.

Leo returned home, knowing he had experienced an incredible adventure, but that the greatest adventure was being surrounded by those he loved. The savannah was his kingdom, and he was the happiest of lion cubs.

Le Petit Dragon Aventurier

Il était une fois, dans un lointain royaume, un petit dragon nommé Dario. Dario était différent des autres dragons. Il avait des écailles vertes luisantes et de grandes ailes, mais son souffle de feu n'était pas très puissant. Il vivait dans une grotte douillette au sommet d'une colline.

Dario avait toujours rêvé d'explorer le monde, mais il avait peur que son souffle de feu ne soit pas assez puissant pour un vrai dragon. Un jour, sa grand-mère, une vieille dragonne sage, lui dit : "Dario, tu n'as pas besoin d'être comme les autres dragons. Sois toi-même et suis ton cœur."

Encouragé par les mots de sa grand-mère, Dario décida de partir à l'aventure. Il emporta un petit sac à dos avec des pommes, un cahier pour dessiner, et son ami en peluche, Biscuit le lapin. Il escalada la colline et s'élança dans le ciel.

En chemin, il rencontra de nombreux amis, comme Lola la licorne et Oscar le hibou. Ensemble, ils explorèrent des forêts enchantées, escaladèrent des montagnes majestueuses et plongèrent dans des rivières scintillantes. Dario découvrit que la beauté du monde résidait dans sa diversité.

Un jour, alors qu'ils escaladaient une haute montagne, Dario et ses amis entendirent des pleurs. Ils découvrirent un petit dragon qui était coincé dans une crevasse. Le souffle de Dario, bien qu'il ne fût pas puissant, s'avéra être la solution parfaite pour réchauffer le dragon et le libérer.

Le petit dragon sauvé les remercia et lui dit : "Merci, Dario, tu es un vrai héros." Dario comprit que la grandeur venait du cœur, pas de la force. Il était fier d'être un petit dragon avec un grand cœur.

Il rentra chez lui, sachant qu'il avait accompli une grande aventure en étant lui-même. Sa grotte était sa maison, et il savait qu'il était un vrai dragon, quel que soit son souffle de feu.

The Adventurous Little Dragon

Once upon a time, in a distant kingdom, there was a young dragon named Dario. Dario was different from other dragons. He had shiny green scales and large wings, but his fire-breathing was not very strong. He lived in a cozy cave at the top of a hill.

Dario had always dreamed of exploring the world, but he was afraid that his weak fire-breath made him not a real dragon. One day, his grandmother, a wise old dragoness, told him, "Dario, you don't need to be like other dragons. Be yourself and follow your heart."

Encouraged by his grandmother's words, Dario decided to set out on an adventure. He packed a small backpack with apples, a sketchbook, and his stuffed friend, Biscuit the rabbit. He climbed the hill and soared into the sky.

On his journey, he met many friends, like Lola the unicorn and Oscar the owl. Together, they explored enchanted forests, climbed majestic mountains, and dove into glistening rivers. Dario discovered that the beauty of the world lay in its diversity.

One day, as they climbed a tall mountain, Dario and his friends heard cries for help. They found a young dragon stuck in a crevice. Dario's not-so-powerful fire-breath turned out to be the perfect solution to warm the dragon and set it free.

The saved little dragon thanked him and said, "Thank you, Dario, you are a true hero." Dario realized that greatness came from the heart, not from strength. He was proud to be a little dragon with a big heart.

He returned home, knowing that he had gone on a great adventure by being himself. His cave was his home, and he knew he was a real dragon, no matter his fire-breathing strength.

Le Voyage de Zoé la Petite Sirène

Il était une fois, au fond de l'océan, une petite sirène nommée Zoé. Zoé avait de longs cheveux dorés et une queue scintillante. Elle vivait avec sa famille dans un magnifique château de corail.

Zoé était une sirène curieuse. Elle rêvait de découvrir le monde au-dessus des vagues. Mais les règles des sirènes disaient qu'elles ne pouvaient jamais approcher la surface. Pourtant, sa grand-mère lui racontait des histoires sur les merveilles de la terre ferme, ce qui la faisait rêver encore plus fort.

Un jour, alors que Zoé explorait une vieille épave, elle découvrit une mystérieuse bouteille en verre avec une carte à l'intérieur. La carte montrait le chemin vers un trésor perdu sur une plage lointaine. L'aventure était à portée de main.

Zoé décida de braver l'interdit. Elle prit la carte, rassembla des coquillages pour faire un sac, et nagea vers la surface. Quand elle émergea, le soleil était brillant, et le monde au-dessus de l'eau était plus magnifique que dans ses rêves.

Elle suivit la carte et arriva sur une plage de sable doré, où elle découvrit un coffre au trésor rempli de perles étincelantes. Zoé était ravie, mais elle savait que son cœur appartenait à l'océan. Elle nagea de retour chez elle, partagea son trésor avec sa famille et leur raconta ses aventures.

Zoé avait découvert qu'il y avait de la magie dans l'océan, mais aussi dans le courage de poursuivre ses rêves. Elle était devenue la petite sirène la plus courageuse de tout l'océan.

34

Zoe the Little Mermaid's Journey

Once upon a time, deep in the ocean, there was a little mermaid named Zoe. Zoe had long golden hair and a sparkling tail. She lived with her family in a beautiful coral castle.

Zoe was a curious mermaid. She dreamed of exploring the world above the waves. But the mermaids' rules said they could never approach the surface. Still, her grandmother told her stories about the wonders of the land above, making her dream even more.

One day, while Zoe was exploring an old shipwreck, she found a mysterious glass bottle with a map inside. The map showed the way to a lost treasure on a distant beach. The adventure was within reach.

Zoe decided to defy the rules. She took the map, gathered seashells to make a bag, and swam to the surface. When she emerged, the sun was shining, and the world above the water was more beautiful than in her dreams.

She followed the map and arrived on a beach of golden sand, where she discovered a treasure chest filled with sparkling pearls. Zoe was delighted, but she knew her heart belonged to the ocean. She swam back home, shared her treasure with her family, and told them about her adventures.

Zoe had discovered that there was magic in the ocean, but also in the courage to pursue her dreams. She had become the bravest little mermaid in the entire ocean.

Le Petit Hibou Aventurier

Il était une fois dans la vaste forêt une petite chouette nommée Hugo. Hugo avait de grands yeux ronds et un plumage doux et duveteux. Il vivait dans un vieux chêne avec sa famille.

Hugo était le plus curieux des hiboux. Il adorait écouter les histoires de son grand-père sur les contrées lointaines et les aventures palpitantes. Il rêvait de voir le monde au-delà de la forêt.

Un jour, Hugo décida de partir à l'aventure. Il prépara son sac avec des biscuits, prit son écharpe pour se tenir chaud, et emporta un carnet pour dessiner tout ce qu'il verrait. Il dit au revoir à sa famille et s'envola dans la nuit étoilée.

Il rencontra de nombreux amis le long de son chemin, comme Léa la renarde et Émile l'écureuil, qui l'aidèrent à traverser les rivières et les montagnes. Chaque nouvelle rencontre était une leçon pour Hugo.

Finalement, Hugo arriva dans une vallée luxuriante, remplie de fleurs aux couleurs éclatantes et d'animaux étonnants. Il passa des jours heureux à explorer et à dessiner tout ce qu'il voyait.

Mais au bout d'un moment, Hugo commença à ressentir un peu de tristesse. Il avait exploré la vallée, mais il manquait de sa famille. Il réalisa que la plus grande aventure de toutes était de rentrer chez lui.

Avec l'aide de ses amis, Hugo retrouva son chemin vers la forêt. Quand il arriva chez lui, sa famille était ravie de le revoir. Il partagea ses dessins et ses histoires, réalisant que même si le monde était vaste et excitant, il n'y avait rien de plus précieux que la chaleur du foyer.

The Little Adventurous Owl

Once upon a time in the vast forest, there was a little owl named Hugo. Hugo had large round eyes and soft, fluffy feathers. He lived in an old oak tree with his family.

Hugo was the most curious of owls. He loved listening to his grandfather's stories about distant lands and thrilling adventures. He dreamt of seeing the world beyond the forest.

One day, Hugo decided to set out on an adventure. He packed his bag with cookies, took his scarf to keep warm, and brought a sketchbook to draw everything he would see. He said goodbye to his family and flew into the starry night.

He met many friends along his journey, like Lea the fox and Emile the squirrel, who helped him cross rivers and mountains. Each new encounter was a lesson for Hugo.

Finally, Hugo arrived in a lush valley, filled with brightly colored flowers and amazing animals. He spent happy days exploring and drawing everything he saw.

But after a while, Hugo began to feel a bit sad. He had explored the valley, but he missed his family. He realized that the greatest adventure of all was to go back home.

With the help of his friends, Hugo found his way back to the forest. When he arrived home, his family was delighted to see him. He shared his drawings and stories, realizing that even though the world was vast and exciting, there was nothing more precious than the warmth of home.

Les Aventures de Léo le Petit Chat

Il était une fois, dans un charmant village, un petit chaton nommé Léo. Léo avait une fourrure douce comme de la soie et de grands yeux curieux. Il vivait dans une petite maison avec sa famille.

Léo était le chaton le plus intrépide de tout le village. Il aimait explorer les ruelles pavées, sauter de toit en toit et rencontrer de nouveaux amis. Chaque jour était une nouvelle aventure pour lui.

Un matin ensoleillé, alors que Léo jouait près de la fontaine du village, il entendit parler d'un trésor caché au sommet de la montagne voisine. Le trésor était dit être magique et exaucerait un vœu. Léo, avec son cœur rempli de rêves, décida de partir à la recherche du trésor.

Il prépara un petit sac avec des croquettes, prit son ruban préféré pour la bonne chance, et se mit en route. En chemin, il rencontra d'autres animaux du village, comme Mia la souris et Max le moineau, qui se joignirent à son aventure.

Ils grimpèrent la montagne escarpée, surmontèrent des défis et découvrirent des trésors tout au long du chemin. Finalement, au sommet de la montagne, ils trouvèrent une vieille boîte en bois. À l'intérieur, il y avait une pierre étincelante. Léo fit un vœu en silence, souhaitant le bonheur pour sa famille et ses amis.

En redescendant de la montagne, Léo et ses amis réalisèrent que le plus grand trésor n'était pas la pierre magique, mais les aventures qu'ils avaient partagées et l'amitié qu'ils avaient forgée. La vie au village était encore plus belle avec des amis comme Mia et Max.

The Adventures of Leo the Little Cat

Once upon a time, in a charming village, there was a little kitten named Leo. Leo had soft, silky fur and big curious eyes. He lived in a small house with his family.

Leo was the most fearless kitten in the whole village. He loved to explore the cobblestone streets, jump from roof to roof, and make new friends. Every day was a new adventure for him.

One sunny morning, while Leo was playing near the village fountain, he heard about a hidden treasure at the top of the nearby mountain. The treasure was said to be magical and could grant a wish. Leo, with his heart full of dreams, decided to set out in search of the treasure.

He packed a small bag with kibble, took his favorite ribbon for good luck, and set off. Along the way, he met other animals from the village, like Mia the mouse and Max the sparrow, who joined his adventure.

They climbed the steep mountain, overcame challenges, and discovered treasures along the way. Finally, at the top of the mountain, they found an old wooden box. Inside, there was a sparkling stone. Leo made a silent wish, wishing for happiness for his family and friends.

As they descended from the mountain, Leo and his friends realized that the greatest treasure was not the magic stone, but the adventures they had shared and the friendship they had forged. Life in the village was even more beautiful with friends like Mia and Max.

Les Aventures de Léon le Petit Écureuil

Il était une fois, dans une paisible forêt, un petit écureuil nommé Léon. Léon était un écureuil espiègle avec une fourrure douce et une queue touffue. Il vivait dans un nid douillet au sommet d'un grand chêne.

Léon était toujours curieux et aimait explorer la forêt. Il sautait de branche en branche, cherchant des noisettes, et jouait avec ses amis, les oiseaux et les lapins.

Un jour, en se promenant dans la forêt, Léon entendit parler d'un mystérieux trésor caché au cœur de la forêt. On disait que ce trésor exauçait les vœux de ceux qui le trouvaient. Léon, le cœur rempli de rêves, décida de partir à l'aventure.

Il prépara un petit sac avec des noisettes, prit son ruban porte-bonheur, et se mit en route. En chemin, il rencontra d'autres animaux de la forêt, comme Lila la biche et Théo le lapin, qui décidèrent de le rejoindre dans cette quête.

Ils traversèrent des ruisseaux étincelants, escaladèrent des collines herbeuses, et explorèrent des grottes mystérieuses. Chaque étape de leur voyage était remplie de découvertes et d'aventures.

Finalement, après de nombreuses péripéties, ils atteignirent l'endroit où le trésor était censé se trouver. Mais à la place d'un coffre rempli d'or, ils découvrirent un clair de lune argenté qui brillait dans le ciel nocturne. Léon fit un vœu silencieux, souhaitant la paix et la joie pour la forêt et ses amis.

Sur le chemin du retour, Léon et ses amis réalisèrent que le véritable trésor était l'amitié qu'ils partageaient et les aventures qu'ils avaient vécues ensemble. La forêt était plus belle que jamais avec des amis comme Lila et Théo.

The Adventures of Leon the Little Squirrel

Once upon a time, in a peaceful forest, there was a little squirrel named Leon. Leon was a playful squirrel with soft fur and a bushy tail. He lived in a cozy nest at the top of a tall oak tree.

Leon was always curious and loved to explore the forest. He leaped from branch to branch, searching for acorns, and played with his friends, the birds and the rabbits.

One day, while strolling through the forest, Leon heard about a mysterious treasure hidden deep within the woods. It was said that this treasure granted the wishes of those who found it. Leon, with a heart full of dreams, decided to embark on an adventure.

He packed a small bag with acorns, took his lucky ribbon, and set out. Along the way, he met other forest animals, like Lila the deer and Theo the rabbit, who decided to join him on this quest.

They crossed sparkling streams, climbed grassy hills, and explored mysterious caves. Each step of their journey was filled with discoveries and adventures.

Finally, after many adventures, they reached the place where the treasure was supposed to be. But instead of a chest full of gold, they found a silvery moonlight shining in the night sky. Leon made a silent wish, wishing for peace and happiness for the forest and his friends.

On the way back, Leon and his friends realized that the real treasure was the friendship they shared and the adventures they had experienced together. The forest was more beautiful than ever with friends like Lila and Theo.

Les Aventures de Sophie la Petite Oursonne

Il était une fois, dans une forêt enchantée, une oursonne du nom de Sophie. Sophie avait une fourrure douce et brune et de grands yeux pétillants. Elle vivait dans une petite tanière avec sa maman ourse et ses frères et sœurs oursons.

Sophie était la plus curieuse des oursons de la forêt. Elle aimait explorer les bois, grimper aux arbres et se faire de nouveaux amis parmi les animaux de la forêt. Chaque jour était une aventure pour elle.

Un matin ensoleillé, alors qu'elle gambadait près de la rivière, Sophie entendit parler d'un mystérieux trésor caché dans la forêt. On racontait que ce trésor avait le pouvoir d'exaucer les vœux. Sophie, le cœur rempli de rêves, décida de partir à la recherche de ce trésor.

Elle prépara un petit sac avec des baies, prit son ruban préféré pour la bonne chance, et se mit en route. En chemin, elle rencontra d'autres animaux de la forêt, comme Rémi le lapin et Léa la loutre, qui décidèrent de se joindre à elle dans cette quête.

Ils traversèrent des ruisseaux étincelants, escaladèrent des collines herbeuses et explorèrent des grottes secrètes. Chaque étape de leur voyage était remplie de découvertes et d'aventures.

Finalement, après de nombreuses péripéties, ils atteignirent un endroit où le trésor était censé se trouver. Mais au lieu d'un coffre rempli de trésors, ils découvrirent un étang paisible bordé de nénuphars. Sophie fit un vœu silencieux, souhaitant le bonheur et la prospérité pour sa famille et ses amis.

Sur le chemin du retour, Sophie et ses amis réalisèrent que le véritable trésor était l'amitié qu'ils partageaient et les aventures qu'ils avaient vécues ensemble. La forêt enchantée était encore plus merveilleuse avec des amis comme Rémi et Léa.

Sophie the Little She-Bear's Adventures

Once upon a time, in an enchanted forest, there lived a she-bear named Sophie. Sophie had soft brown fur and sparkling eyes. She lived in a cozy den with her bear mom and her bear siblings.

Sophie was the most curious of all the bear cubs in the forest. She loved to explore the woods, climb trees, and make new friends among the forest animals. Every day was an adventure for her.

One sunny morning, while frolicking near the river, Sophie heard about a mysterious treasure hidden in the forest. It was said that this treasure had the power to grant wishes. Sophie, with a heart full of dreams, decided to embark on a quest to find this treasure.

She packed a small bag with berries, took her favorite ribbon for good luck, and set off. Along the way, she met other forest animals like Rémi the rabbit and Léa the otter, who decided to join her on this adventure.

They crossed sparkling streams, climbed grassy hills, and explored secret caves. Each step of their journey was filled with discoveries and adventures.

Finally, after many adventures, they reached a place where the treasure was supposed to be. But instead of a chest filled with treasures, they found a peaceful pond surrounded by water lilies.

Sophie made a silent wish, wishing for happiness and prosperity for her family and friends.

On the way back, Sophie and her friends realized that the true treasure was the friendship they shared and the adventures they had experienced together. The enchanted forest was even more wonderful with friends like Rémi and Léa.

Les Aventures de Tim le Petit Éléphant

Il était une fois, dans la grande savane africaine, un petit éléphant nommé Tim. Tim était un éléphanteau adorable avec de grandes oreilles et une trompe joyeuse. Il vivait avec sa famille au cœur de la savane, entouré de la beauté de la nature.

Tim était le plus curieux des éléphanteaux. Il adorait explorer la savane, jouer avec ses amis, les zèbres et les girafes, et apprendre de sa mère sur les étoiles et les constellations la nuit. Chaque jour était une aventure pour Tim.

Un jour, Tim entendit parler d'un mystérieux arbre magique situé au sommet de la plus haute colline de la savane. On racontait que cet arbre exauçait les vœux de ceux qui grimpaient jusqu'à lui. Tim, le cœur rempli de rêves, décida de partir à l'aventure pour atteindre cet arbre.

Il prépara un petit sac avec des baies, prit son chapeau en feuilles pour la bonne chance, et se mit en route. En chemin, il rencontra d'autres animaux de la savane, comme Léa la lionne et Max le singe, qui décidèrent de se joindre à lui dans cette quête.

Ils traversèrent des rivières étincelantes, escaladèrent des collines escarpées et explorèrent des grottes mystérieuses. Chaque étape de leur voyage était remplie de découvertes et d'aventures.

Finalement, après de nombreuses péripéties, ils atteignirent le sommet de la colline où l'arbre magique se dressait majestueusement. Tim fit un vœu silencieux, souhaitant la paix et l'harmonie pour toute la savane.

Sur le chemin du retour, Tim et ses amis réalisèrent que le véritable trésor était l'amitié qu'ils partageaient et les aventures qu'ils avaient vécues ensemble. La savane était encore plus belle avec des amis comme Léa et Max.

The Adventures of Tim the Little Elephant

Once upon a time, in the vast African savannah, there lived a little elephant named Tim. Tim was an adorable elephant calf with big ears and a cheerful trunk. He lived with his family in the heart of the savannah, surrounded by the beauty of nature.

Tim was the most curious of all elephant calves. He loved to explore the savannah, play with his friends, the zebras and giraffes, and learn from his mother about the stars and constellations at night. Every day was an adventure for Tim.

One day, Tim heard about a mysterious magic tree located at the top of the highest hill in the savannah. It was said that this tree granted wishes to those who climbed up to it. Tim, with a heart full of dreams, decided to set out on an adventure to reach this tree.

He packed a small bag with berries, took his leaf hat for good luck, and set off. Along the way, he met other savannah animals like Lea the lioness and Max the monkey, who decided to join him on this quest.

They crossed sparkling rivers, climbed steep hills, and explored mysterious caves. Each step of their journey was filled with discoveries and adventures.

Finally, after many adventures, they reached the top of the hill where the magic tree stood majestically. Tim made a silent wish, wishing for peace and harmony for the entire savannah.

On the way back, Tim and his friends realized that the true treasure was the friendship they shared and the adventures they had experienced together. The savannah was even more beautiful with friends like Lea and Max.

Les Aventures de Téo le Petit Tigre

Il était une fois, dans une dense jungle de l'Inde, un petit tigre nommé Téo. Téo était un tigreau aux rayures élégantes et aux yeux pétillants. Il vivait avec sa famille dans une tanière cachée parmi les arbres.

Téo était le tigreau le plus intrépide de la jungle. Il aimait explorer les profondeurs de la forêt, chasser des papillons et jouer avec ses amis, les singes et les perroquets. Chaque jour était une nouvelle aventure pour lui.

Un matin, Téo entendit parler d'un mystérieux trésor perdu au cœur de la jungle. On racontait que ce trésor était gardé par d'anciens esprits de la jungle et exauçait les vœux de ceux qui le trouvaient. Téo, le cœur rempli de rêves, décida de partir à la recherche de ce trésor.

Il prépara un petit sac avec des baies juteuses, prit un collier en coquillages pour la bonne chance, et se mit en route. En chemin, il rencontra d'autres animaux de la jungle, comme Maya la panthère et Ravi le perroquet, qui décidèrent de se joindre à lui dans cette quête.

Ils traversèrent des rivières tumultueuses, escaladèrent des cascades majestueuses et explorèrent des cavernes mystérieuses. Chaque étape de leur voyage était remplie de découvertes et d'aventures.

Finalement, après de nombreuses péripéties, ils atteignirent un endroit où le trésor était censé se trouver. Mais au lieu d'un coffre rempli de richesses, ils découvrirent une clairière enchantée, baignée par la lumière dorée du soleil. Téo fit un vœu silencieux, souhaitant la préservation de la jungle et la protection de ses amis.

Sur le chemin du retour, Téo et ses amis réalisèrent que le véritable trésor était l'amitié qu'ils partageaient et les aventures qu'ils avaient vécues ensemble. La jungle était encore plus belle avec des amis comme Maya et Ravi.

The Adventures of Theo the Little Tiger

Once upon a time, in the dense jungles of India, there lived a little tiger named Theo. Theo was a tiger cub with elegant stripes and sparkling eyes. He lived with his family in a hidden den among the trees.

Theo was the most fearless tiger cub in the jungle. He loved to explore the depths of the forest, chase butterflies, and play with his friends, the monkeys and parrots. Every day was a new adventure for him.

One morning, Theo heard about a mysterious treasure lost deep in the heart of the jungle. It was said that this treasure was guarded by ancient jungle spirits and granted the wishes of those who found it. Theo, with a heart full of dreams, decided to embark on a quest to find this treasure.

He packed a small bag with juicy berries, took a seashell necklace for good luck, and set off. Along the way, he met other jungle animals like Maya the panther and Ravi the parrot, who decided to join him on this quest.

They crossed turbulent rivers, climbed majestic waterfalls, and explored mysterious caves. Each step of their journey was filled with discoveries and adventures.

Finally, after many adventures, they reached a place where the treasure was supposed to be. But instead of a chest filled with riches, they discovered an enchanted clearing bathed in the golden sunlight. Theo made a silent wish, wishing for the preservation of the jungle and the protection of his friends.

On the way back, Theo and his friends realized that the true treasure was the friendship they shared and the adventures they had experienced together. The jungle was even more beautiful with friends like Maya and Ravi.

Le Voyage de Luna la Petite Lune

Il était une fois, dans le vaste ciel étoilé, une petite lune nommée Luna. Luna était une lune brillante avec un sourire radieux. Elle vivait parmi les étoiles, où elle illuminait la nuit.

Luna était la lune la plus curieuse parmi toutes les lunes du cosmos. Elle rêvait de voir le monde en bas, la Terre, et de découvrir les merveilles qui s'y cachaient. Chaque nuit, elle scintillait encore plus fort, espérant que quelqu'un la verrait et réaliserait son vœu.

Un soir, alors qu'elle brillait de mille feux, une petite fille nommée Amélie la regarda depuis sa chambre. Amélie aimait contempler la lune et rêvait de la rencontrer un jour. Elle fit un vœu, demandant à Luna de l'aider à réaliser son rêve.

Touchée par le vœu d'Amélie, Luna décida de descendre du ciel et de visiter la Terre. Elle descendit doucement, guidée par les étoiles, et atterrit dans la cour d'Amélie.

Amélie était émerveillée de voir Luna si près. Elles devinrent instantanément amies et passèrent la nuit à discuter et à partager des histoires. Luna raconta à Amélie les secrets des étoiles et de la nuit, tandis qu'Amélie lui parla de sa vie sur Terre.

Au matin, Luna s'envola vers le ciel, mais elle promit à Amélie qu'elle reviendrait la visiter chaque fois qu'elle le souhaiterait. Depuis ce jour, Luna brille encore plus fort, sachant qu'elle a une amie sur Terre.

Amélie continua de rêver en contemplant la lune, sachant que, même si Luna était loin dans le ciel, leur amitié était éternelle.

62

Luna the Little Moon's Journey

Once upon a time, in the vast starry sky, there was a little moon named Luna. Luna was a bright moon with a radiant smile. She lived among the stars, where she illuminated the night.

Luna was the most curious moon in the entire cosmos. She dreamed of seeing the world below, the Earth, and discovering the wonders that it held. Every night, she shone even brighter, hoping that someone would see her and grant her wish.

One evening, as she shone brilliantly, a little girl named Amelie gazed at her from her bedroom. Amelie loved to gaze at the moon and dreamt of meeting her one day. She made a wish, asking Luna to help her fulfill her dream.

Touched by Amelie's wish, Luna decided to descend from the sky and visit Earth. She descended gently, guided by the stars, and landed in Amelie's backyard.

Amelie was amazed to see Luna up close. They instantly became friends and spent the night talking and sharing stories. Luna told Amelie the secrets of the stars and the night, while Amelie told her about her life on Earth.

By morning, Luna flew back into the sky, but she promised Amelie that she would visit her whenever she wished. From that day on, Luna shone even brighter, knowing that she had a friend on Earth.

Amelie continued to dream as she gazed at the moon, knowing that even though Luna was far in the sky, their friendship was eternal.

64